Gairdín an tSonais

Brian Ó Baoill

Deirdre Lyons Doyle
a mhaisigh

Oiriúnach do pháistí ó 6 bliana go dtí 10 mbliana d'aois

AN GÚM
Baile Átha Cliath

Lá amháin bhí Clíona agus Colm ar cuairt ag Mamó.
Bhí gairdín álainn ag Mamó.
Thug sí Clíona agus Colm amach agus síos an cosán
go dtí an gairdín.
Bhí balla ard mórthimpeall air.
Tháinig siad go dtí doras beag uaine.
'Tá sé istigh ansin,' arsa Mamó, 'Gairdín an tSonais.'
'Gairdín an tSonais!' arsa Clíona agus Colm agus iontas orthu.
'Is ea,' arsa Mamó, 'Gairdín an tSonais. Agus cuimhnígí,
áit ar bith a mbíonn sonas, bíonn draíocht ann freisin!'
'Ó...........' arsa Clíona agus Colm.

'Téigí isteach anois agus bainigí taitneamh as.
Feicfidh mé sibh ar ball.'
Agus chuaigh siad isteach.

Bhí an gairdín go hálainn.

Bhí bláthanna buí ann agus bláthanna gorma agus bláthanna bána. Bhí na bláthanna go léir ag gáire mar bhí siad i ngairdín an tsonais agus bhí siad féin sona.

Agus, ar ndóigh, bhí Clíona agus Colm sona.

Bhí beacha sona ann agus iad ag eitilt ó bhláth go bláth.

Chuala Clíona agus Colm iad ag crónán.

Crónán na mBeach

Bhí guthanna beaga bídeacha ag na beacha.

Curfá:

só

MMMMMMMMMMMMMMMMMMMMMMMMMMMMMMMMMMMM

mí

MMMMMMMMMMMMMMMMMMMMMMMMMMMMMMMMMMMMM

dó

MMMMMMMMMMMMMMMMMMMMMMMMMMMMMMMMMMMMM

Bearnaí Beach

Go rithimeach

Beach - a beag - a bi - siú - la Ag dul ó bhláth go bláth, Ar

eit - í beag - a mis - niú - la, Ag cró - nán gach aon lá.

Curfá:

Beacha beaga bisiúla
Ag dul ó bhláth go bláth,
Ar eití beaga misniúla,
Ag crónán gach aon lá.

1. *Is mise Bearnaí Beach,*
   Ní bhímse i mo luí,
   Ach ag obair gach aon lá
   I mo gheansaí dubh is buí.

Is mis - e Bear - naí Beach, Ní bhím - se i mo luí, Ach ag ob - air gach aon

lá I mo ghean - saí dubh is buí.

2. *Is aoibhinn linn an ghrian*
   Is boladh breá na mbláth,
   Ach níl aon sos le fáil
   Ón obair gach aon lá.

3. *Beacha dubh is buí,*
   Tá nead againn sa chrann,
   Ar ais linn leis an mil
   Don Bhanríon, ceann ar cheann.

'An itheann sibh mil an t-am ar fad?' a d'fhiafraigh Clíona agus Colm.
'An t-am ar fad,' a d'fhreagair Bearnaí Beach. 'Ní itheann muide 'bia gan mhaith' riamh.'

Bhí cosán síos trí na crainn agus lean siad é.

An Lon Dubh

Chonaic siad lon dubh. Labhair an lon dubh leo.

'Lá breá,' ar sé.

'Tá sé go hálainn,' ar siad.

'Is mise Lughaidh Lon Dubh, ar mhaith libh teacht aníos?'

'Ba mhaith,' arsa Clíona, 'ach ní féidir linn eitilt.'

'Cinnte, is féidir. Seo é Gairdín an tSonais. Tá draíocht anseo.

Sínigí amach bhur lámha agus tagaigí liom.'

Shín siad amach a lámha agus d'eitil siad in airde ar an gcrann.

Bhí siad ag gáire agus ag glaoch amach chun a chéile agus ag canadh.

An Lon Dubh

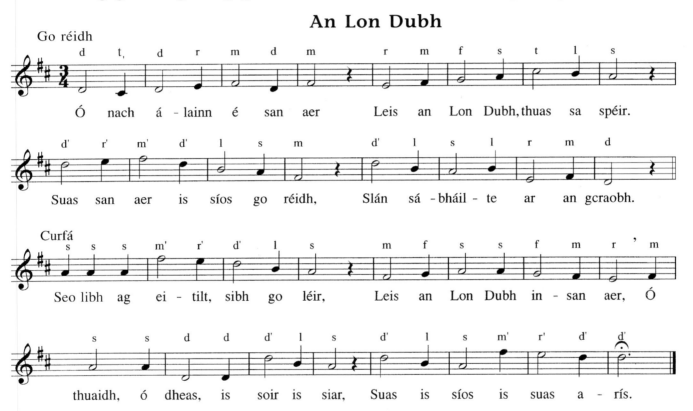

1   Ó nach álainn é san aer
    Leis an Lon Dubh, thuas sa spéir.
    Suas san aer is síos go réidh,
    Slán sábháilte ar an gcraobh.

    Curfá:
    Seo libh ag eitilt, sibh go léir,
    Leis an Lon Dubh insan aer,
    Ó thuaidh, ó dheas, is soir is siar,
    Suas is síos is suas arís.

2   Ó, a Loin Duibh, tabhair dúinn cead
    Breathnú uair amháin sa nead.
    Féach! Ó féach! na héiníní,
    Iad go léir ag lorg bia.

3   Timpeall linn go hard san aer,
        Feicimid an tír go léir.
        Síos arís, 's le buíochas mór
        Slán agat, a Loin Duibh chóir.

Bhí siad ar ais ar an gcosán.
Bhreathnaigh siad suas agus chonaic
siad an Lon Dubh ag breathnú síos orthu.
Chroith siad lámh ina threo agus
d'ardaigh seisean sciathán amháin.

Feilimí Frog

Shiúil siad ar aghaidh ansin agus timpeall an choirnéil.
Chonaic siad frog ag teacht an treo.
Bhí speic ghréine á caitheamh aige, spéaclaí dubha gréine agus
casóg leathair.
Faoi sin bhí sé ag caitheamh culaith shnámha ar a raibh
straidhpeanna dearga agus bána.

'Bhuel!' arsa an frog, 'cé sibh féin?'
'Is muide Clíona agus Colm,' ar siad.
'Is mise Feilimí Frog,' arsa an frog go huaibhreach.
D'athraigh sé a thuáille ó ghualainn amháin go dtí an ghualainn
eile lena thaispeáint gur thuig sé cúrsaí an tsaoil.
'An dtiocfaidh sibh ag snámh liom?' a d'fhiafraigh sé díobh.
'Tá mise go hiontach san uisce.'
'Ó tiocfaidh muid,' ar siad. 'Ach níl cultacha snámha againn.'
'Is cuma,' ar sé, 'tá cinn bhreise agamsa.'

Agus lean siad é síos go dtí an lochán beag agus isteach leo.
Léim Feilimí ó chlár tumtha beag a bhí déanta aige ar an imeall.
Thosaigh sé ag snámh ar a dhroim agus é ag canadh.

Feilimí Frog ag Snámh

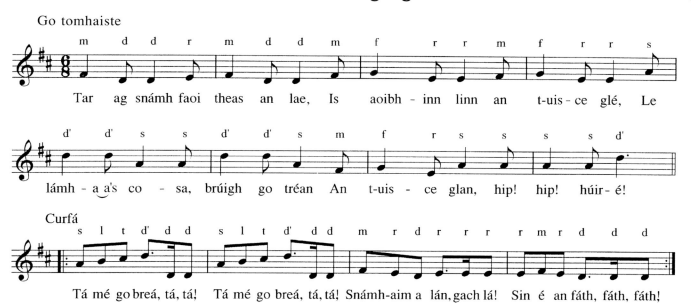

Go tomhaiste

Tar ag snámh faoi theas an lae, Is aoibh - inn linn an t-uis-ce glé, Le

lámh - a a's co - sa, brúigh go tréan An t-uis - ce glan, hip! hip! húir- é!

Curfá

Tá mé go breá, tá, tá! Tá mé go breá, tá, tá! Snámh-aim a lán, gach lá! Sin é an fáth, fáth, fáth!

1. Tar ag snámh faoi theas an lae,
    Is aoibhinn linn an t-uisce glé,
    Le lámha a's cosa, brúigh go tréan
    An t-uisce glan, hip! hip! húiré!

2. Níl aon ní 'tá leath chomh deas
    Le folcadh úr istigh faoin eas,
    Le bheith ag snámh anonn 's anall,
    Nach álainn é an samhradh sámh!

Curfá:
    Tá mé go breá, — tá, tá!
    Tá mé go breá, — tá, tá!
    Snámhaim a lán, — gach lá!
    Sin é an fáth, — fáth, fáth!
    Tá mé go breá, — tá, tá!
    Tá mé go breá, — tá, tá!
    Léimim sách ard — ard, ard!
    Sin é an fáth — gach lá!

Séamaisín Ó Seilide

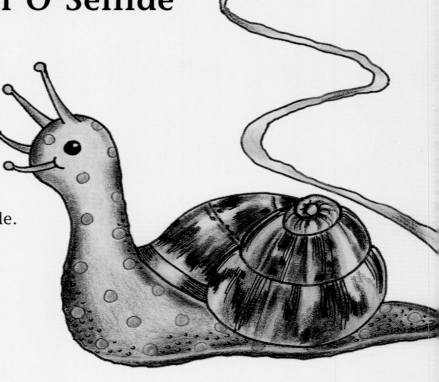

D'fhág siad Feilimí Frog.
Chonaic siad seilide liath a raibh spotaí
gorma air ag sleamhnú leis go mall.
Stad siad.
'Cé thú féin?' a d'fhiafraigh siad de.
'Mise? An liomsa atá sibh ag caint?'
'Is ea,' ar siad.
'Bhuel!' ar sé, 'is mise Séamaisín Ó Seilide.
'Sin ainm an-deas,' ar siad.
'Is ea,' ar sé, 'agus tá amhrán deas mar
gheall orm chomh maith. Canaigí liom.'

Amhrán Shéamaisín

Cuibheasach mall

Tá Séa-mai-sín Ó Sei-li-de Ag sleamh-nú ar an gcré, A theach-ín ar a
dhroim aig-e, Nach tréan an maic-ín é. Má chuir-eann tú do lúid-ín go
héad-rom ar a cheann, Im-eoidh sé leis go gast-a Ach fós féin beidh sé ann!

Tá Séamaisín Ó Seilide
Ag sleamhnú ar an gcré,
A theachín ar a dhroim aige,
Nach tréan an maicín é.

Má chuireann tú do lúidín
Go héadrom ar a cheann,
Imeoidh sé leis go gasta
Ach fós féin beidh sé ann!

Gach duine: *Imeoidh sé leis go gasta*
Ach fós féin — beidh sé ann!

Tá Séamaisín Ó Seilide
Ag imeacht céim ar chéim.
Níl seisean ina phreabaire,
Ach sleamhnaíonn sé go réidh,
Is fágann sé a chosán
Go gléineach ar an gcré,
Ní shiúlann sé ariamh air —
Nach ait an maicín é!

Gach duine: *Ní shiúlann sé ariamh air —*
Nach ait an maicín é!

'Bualadh bos do Shéamaisín,' arsa Colm.
Thug siad bualadh bos dó agus bhí sé an-sásta ar fad.
Rinne sé meangadh gáire agus d'imigh sé leis agus an fonn fós
á chanadh go ciúin aige.

Gráinne

Chonaic siad doras beag eile sa bhalla. D'oscail siad é agus
bhreathnaigh siad amach.

Bhí trá álainn ann agus bhí cúr bán á scaipeadh ag tonnta beaga
na farraige.

Chonaic siad long faoi sheol ag dul thar bráid.

Bhí bean ard ríoga i dtosach na loinge agus ar sí de ghuth ard:

'Fág a' bealach, is mise Gráinne.............!'

Bhí a lán saighdiúirí sa long. Bhí mairnéalaigh sa long chomh
maith. Bhí siad ag canadh.

Banríon na Mara

Thar thonnta na mara sea 'sheolann mo long,
Hé! Hó! barra na dtonn,
Mo bhratach in airde, mo shaighdiúirí liom,
Hé! Hó! barra na dtonn.

Is tógfaidh mé Connachta 's Gaillimh arís,
Hé! Hó! barra na dtonn,
Is rachad go Londain go bhfeicfead Eilís,
Hé! Hó! barra na dtonn.

Sea! ardaigí claimhte go hard insan spéir,
Hé! Hó! barra na dtonn,
Beidh Gráinne 'na Banríon ar Oileán na nGael,
Hé! Hó! barra na dtonn.
Hé! Hó! barra na dtonn,
Hé! Hó! barra na dtonn.

D'imigh an long as radharc.

Dhún siad an doras beag agus ar ais i
ngáirdín an tsonais leo.

Banríon na Mara

Bhí an lá go hálainn agus bhí teas aoibhinn ón ngrian.

'Bhí sé sin an-suimiúil,' arsa Clíona.

'Bhí,' arsa Colm, 'ach ní dóigh liom go rachaimid go Londain le Gráinne inniu.'

'Tá an ceart agat,' arsa Clíona. 'Tá sé níos deise anseo.'

Bóín Dé

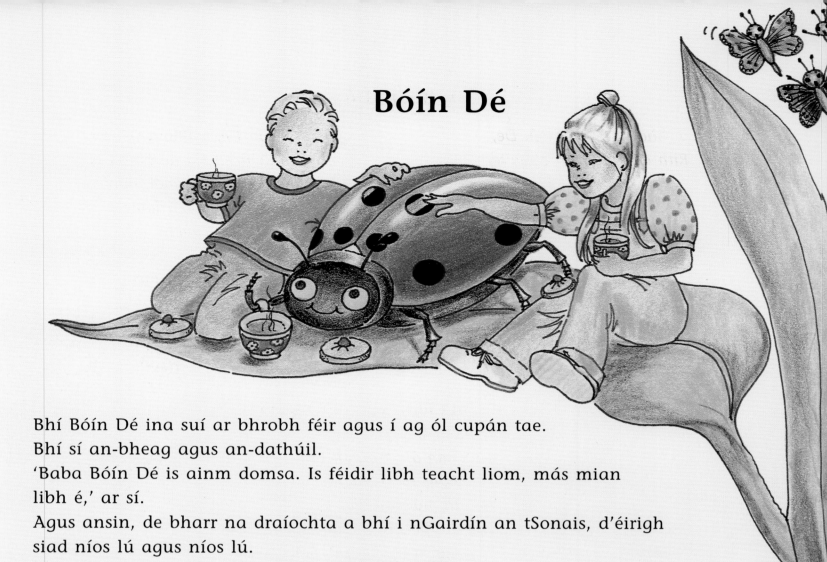

Bhí Bóín Dé ina suí ar bhrobh féir agus í ag ól cupán tae.

Bhí sí an-bheag agus an-dathúil.

'Baba Bóín Dé is ainm domsa. Is féidir libh teacht liom, más mian libh é,' ar sí.

Agus ansin, de bharr na draíochta a bhí i nGairdín an tSonais, d'éirigh siad níos lú agus níos lú.

Thug sí cupán an duine dóibh agus briosca deas.

Tar éis tamaillín, áfach, chonaic siad trí fhéileacán ag eitilt chucu.

Bhí na trí fhéileacán trí chéile. D'eitil siad timpeall agus iad ag rá:

A Bhóín Dé

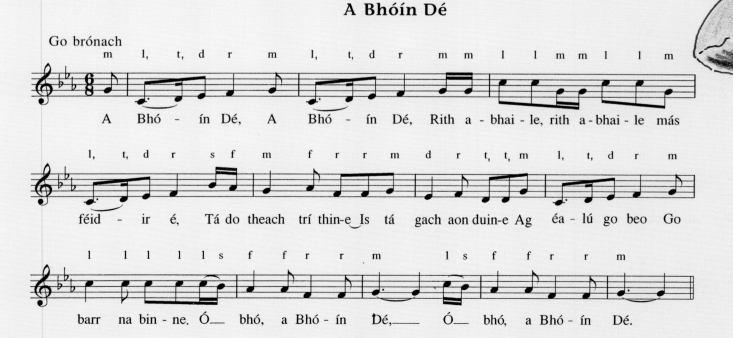

A Bhóín Dé

A Bhóín Dé, a Bhóín Dé,
Rith abhaile, rith abhaile,
más féidir é,
Tá do theach trí thine,
Is tá gach aon duine
Ag éalú go beo
Go barr na binne.

A Bhóín Dé, a Bhóín Dé,
Déanse deifir chuig an bhfón is
buail naoi, naoi, naoi,
Mar tá gach aon duine
Ar bharr na binne —
Faigh dochtúir go beo —
'S lucht múchta tine.

Curfá: Ó bhó, a Bhóín Dé,
Ó bhó, a Bhóín Dé.

Ach ansin, tháinig féileacán eile agus dúirt sí:
A Bhóín Dé, a Bhóín Dé,
Fan san áit a bhfuil tú
Agus ól an tae,
Botún mór a rinneadh,
Níl do theach trí thine,
An ghrian a bhí ag lonradh
I gcoinne na gloine.

Curfá: Húiré, a Bhóín Dé,
Húiré, a Bhóín Dé.

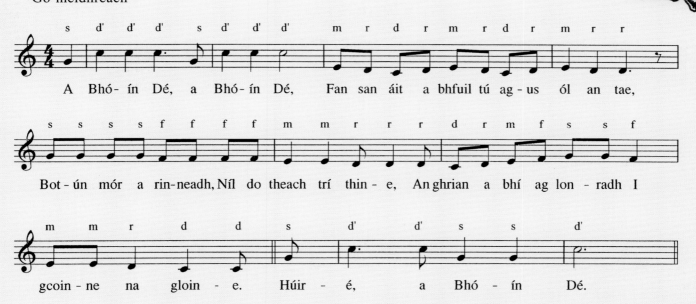

Emer Iora Rua

Tháinig siad go dtí coill bheag dharach.

Bhí na crainn ard agus glas.

Bhí gathanna na gréine ag lonrú tríothu.

Sheas Clíona agus Colm ar an bhféar deas bog.

Chuala siad guthanna beaga os a gcionn.

Ioraí rua a bhí ann agus bhí siad ag obair go dian.

Bhí siad ag canadh go meidhreach ag an am céanna.

Na hIoraí Rua

Go meidhreach

Sibh - se thíos ag bun an chrainn, ag bun an chrainn, ag bun an chrainn,

Sibh - se thíos ag bun an chrainn, An dtioc - faidh sibh a - níos? Hóigh! An

dtioc - faidh sibh a - níos? Hóigh! An dtioc - faidh sibh a - níos? Hóigh! Seo

Sibhse thíos ag bun an chrainn,
ag bun an chrainn,
ag bun an chrainn,
Sibhse thíos ag bun an chrainn,
An dtiocfaidh sibh aníos? — Hóigh!
An dtiocfaidh sibh aníos? — Hóigh!
An dtiocfaidh sibh aníos? — Hóigh!

Bailíonn muid na cnónna anseo,
na cnónna anseo,
na cnónna anseo.
Bailíonn muid na cnónna anseo,
An dtiocfaidh sibh aníos? — Hóigh!
An dtiocfaidh sibh aníos? — Hóigh!
An dtiocfaidh sibh aníos? — Hóigh!

Seo cnó nó dhó le hithe daoibh,
le hithe daoibh,
le hithe daoibh.
Seo cnó nó dhó le hithe daoibh,
Thíos ag bun an chrainn — Hóigh!
Thíos ag bun an chrainn — Hóigh!
Thíos ag bun an chrainn — Hóigh!

Agus chaith siad cith cnónna anuas
ar Chlíona agus ar Cholm.
Rinne Clíona agus Colm gáire agus
rith siad leo síos an cosán.

Seán Sionnach

Bhí tor mór ródaideandróin os a gcomhair.
Bhí bealach isteach faoi agus chuaigh siad isteach …
Bhí sionnach ansiúd agus é ina shuí chun boird
agus páipéir os a chomhair. Bhreathnaigh sé suas.
'Tá mé ag scríobh dráma,' ar sé.
'Dráma!' arsa Clíona agus Colm.
'Is ea. Tá mise an-chliste agus scríobhaim drámaí.
Dráma é seo faoi shionnach uasal — dála an scéil, is mise Seán
Sionnach, drámadóir. Amhránaí agus ceoltóir iontach ba ea an
sionnach uasal seo. Bhí giotár aige agus chanadh sé taobh amuigh
den chaisleán ina raibh banphrionsa a chroí.'

Mar seo:

An Banphrionsa

1.   *Istigh sa chaisleán ard sin thall*
        Tá Banphrionsa geal mo chroí,
        Ó tar go dtí an fhuinneog, tar
        Go bhfeicfidh mé arís

2.   *Áilleacht gheal do ghnúise —*
        Sneachta geal do bhrád.
        Ó sín síos rós amháin, a stór,
        A léireos dom do ghrá.

Curfá: *A léireos dom do ghrá, a stór,*
            A líonfas mé le brí.
            Ó sín síos rós amháin, a stór,
            Go bhfáiscfead é lem' chroí.

An Banphrionsa

Go réidh íogair

I - stigh sa chais -leán ard sin thall, Tá Ban-phrion-sa geal mo chroí, ___ Ó

tar go dtí an fhuinn - eog, tar Go bhfeic - fidh mé a - rís ___

Áill -eacht gheal do ghnúi - se, Sneach - ta geal do bhrád.___ Ó

sín síos rós amh - áin, a stór, A léir - eos dom do ghrá.

Curfá

A léir - eos dom do ghrá, a stór, A líon - fas mé le brí. Ó

sín síos rós amh - áin, a stór, Go bhfáisc - fead é lem' chroí.

Bhí an Sionnach an-tógtha ar fad lena amhrán agus d'fhág siad é agus é ag stánadh suas i dtreo na spéire, ag fanacht go dtitfeadh rós, b'fhéidir.

Bhí crann mór darach ann.
Chuala siad fuaim spéisiúil.
'Tú-uit, tú-bhú,
Tú-uit, tú-bhú.'

Agus chan siad:

An tUlchabhán

Go tomhaiste

m r d d d m r d   d   d   d r m d r m s   m   r   r m

Tá an tUlch- a - bhán, Is a aghaidh mhór bhán, ar an gcraobh ins an gcrann mór da - rach. Tá a

f f f f   s f m m   m   m f s d' l s m   r   d

shúi - le mór Ag - us géar go leor, Ag - us é   in - na chlúid ag   fair - e.

Curfá

d d d d'   d d d d'

Tú - uit, tú -bhú,   Tú - uit, tú -bhú.

An tUlchabhán

Tá an tUlchabhán,
Is a aghaidh mhór bhán,
Ar an gcraobh ins an gcrann mór darach.
Tá a shúile mór
Agus géar go leor,
Agus é ina chlúid ag faire.

Curfá:

Tú-uit, tú-bhú,
Tú-uit, tú-bhú.

'Amhrán deas, a chroí,'
Arsan t-éan mór groí,
'Ach go dtí go dtitfidh 'n oíche,
Fanfaidh mise sa chrann,
Níl an ghealach ann,
Is gan í ní bhogaim choíche.'

Curfá:

Tú-uit, tú-bhú,
Tú-uit, tú-bhú.

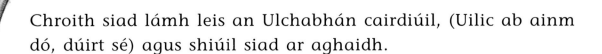

Chroith siad lámh leis an Ulchabhán cairdiúil, (Uilic ab ainm
dó, dúirt sé) agus shiúil siad ar aghaidh.

Augustus Damhán Alla

Bhí siad in aice bhalla an ghairdín.
Bhí leaba mhór damháin alla crochta idir an balla agus crann.

'Gabh mo leithscéal,' arsa guth íseal múinte.
Damhán alla a bhí ag caint.
'An bhfaca sibh cuileoga deasa ramhra ar bith timpeall na háite?
Tá ocras orm.'

Bhí cuileoga ag eitilt ina gciorcal os a gcionn, ach ní raibh siad ag teacht cóngarach don damhán alla.
Thosaigh cuileog mhór ramhar amháin ag rá amhráin:

Augustus Damhán Alla

Tá Augustus Damhán Alla
Ina chaisleán ar an mballa,
'Scé nach mbogann sé a cheann,
Tá fhios agam go bhfuil sé ann.

'Tá mé stiúgtha,' deir Augustus,
'Corrathónach is mífhoighneach,
Ach má thagann cuil isteach,
Arú! Ní rachaidh sí amach.'

Agus d'imigh an chuileog agus í ag gáire.

An Bháisteach

Go tobann mhothaigh Clíona agus Colm braonta báistí
agus rith siad isteach faoi chrann mór.
Tháinig scata coiníní óga amach.
'Téigí abhaile nó éireoidh sibh fliuch,' arsa Clíona leo.
'Ní éireoidh,' arsa na coiníní óga agus d'oscail gach
duine díobh scáth báistí deas daite agus thosaigh siad
go léir ag damhsa agus ag canadh.

Scáth Báistí

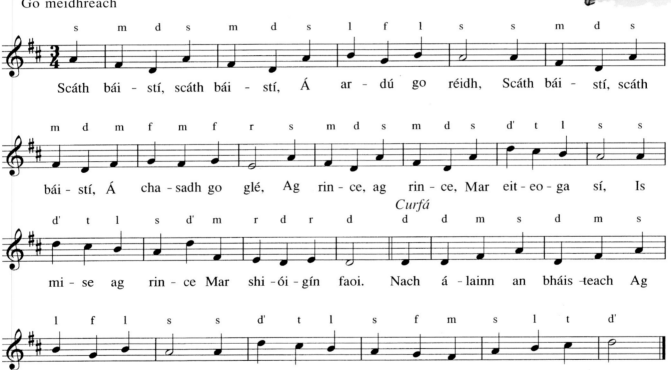

Go meidhreach

Scáth bái - stí, scáth bái - stí, Á ar - dú go réidh, Scáth bái - stí, scáth
bái - stí, Á cha - sadh go glé, Ag rin - ce, ag rin - ce, Mar eit - eo - ga sí, Is

Curfá

mi - se ag rin - ce Mar shi - ói - gín faoi. Nach á - lainn an bháis -teach Ag
ti - tim go réidh, Beidh deoch ag na crainn 'Sag na plan - daí go léir.

Scáth báistí, scáth báistí,
Á ardú go réidh,
Scáth báistí, scáth báistí,
Á chasadh go glé,
Ag rince, ag rince,
Mar eiteoga sí,
Is mise ag rince
Mar shióigín faoi.

Scáth báistí, scáth báistí,
Is mise thíos faoi,
Is cuma liom báisteach,
Is tusa mo dhíon,
Ag casadh, ag lúbadh,
Ag cromadh mar spraoi,
Mo scáth geal ag rince,
Mé féin ag ceol faoi.

Curfá:

Nach álainn an bháisteach
Ag titim go réidh,
Beidh deoch ag na crainn
'S ag na plandaí go léir.

Agus d'imigh siad leo ina líne fhada mheidhreach.

An Luchóg

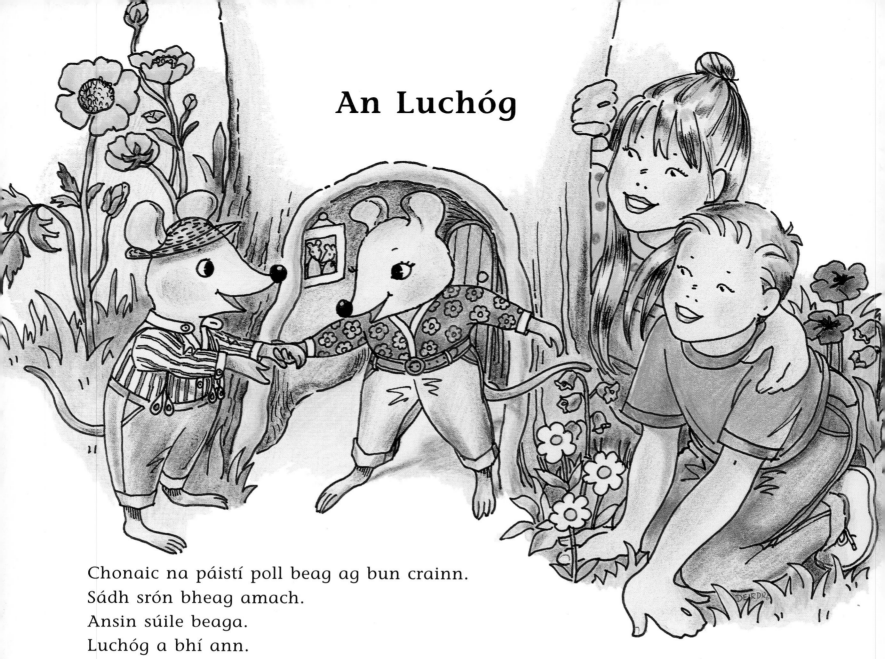

Chonaic na páistí poll beag ag bun crainn.

Sádh srón bheag amach.

Ansin súile beaga.

Luchóg a bhí ann.

'Cén chaoi a bhfuil tú, a luchóg?' a d'fhiafraigh Clíona.

'Go breá, go raibh maith agat,' a d'fhreagair an luchóg go múinte.

Bhí an luchóg ag breathnú an-ghalánta go deo!

Bhí bríste bándearg á chaitheamh aige agus hata.

Ansin tháinig a bhean chéile amach.

Bhí sise ag caitheamh bríste géine a bhí an-deas.

'Tá muid ar ár mbealach go dtí Cóisir Mhór,' arsa Léana, (b'in
é a hainm).

'An dtiocfaidh sibh linn?'

'Tiocfaidh, cinnte,' arsa Clíona agus Colm le chéile.

Shiúil siad síos cosáinín caol casta idir na bláthanna agus na
sceacha áille.

Chuala siad ceol.

Ansin, ar fhaiche ghlas mhín i measc na gcrann, chonaic siad radharc iontach.

Bhí a lán ainmhithe ar fud na háite, cuid acu ag damhsa agus cuid acu ag ól tae agus ag caint le chéile.

Bhí an bhuíon cheoil ag seinm váls.

D'aithin na páistí gach aon duine sa bhuíon cheoil.

Bhí feadóg stáin ag Lughaidh Lon Dubh.

Bhí olldord ag Seán Sionnach. Bhí sé sin an-fheiliúnach mar bhí Seán ard agus bhí sé in ann an t-olldord a láimhseáil go breá.

Bhí maindilín ag Uilic Ulchabhán.

'Seinneann sé nochtraí go hiontach,' dúirt Léana Luchóg i gcogar.

Bhí bodhrán ag Baba Bóín Dé. Bhí na cosa go léir a bhí uirthi iontach úsáideach.

Bhí veidhlín ag Emer Iora Rua agus bhain sí feidhm as an mbogha go healaíonta.

Bhí feadóg mhór ag Feilimí Frog mar bhí a bheola an-solúbtha.

Bhí an ceol go hiontach!

Tháinig deireadh leis an váls agus tugadh bualadh bos do na ceoltóirí.

Seán Sionnach

Ansin sheas Seán Sionnach amach i lár an urláir.

Bhí hata agus bata aige.

D'ardaigh sé a lámh agus thosaigh sé ag damhsa agus ag canadh.

Sútha Talún

Go meidhreach réidh

D'in - is Ae - sop scéal fa - dó,   Scéi - lín grán - na nach raibh cóir,

Sion-nach nach n-íos-fadh na caor - a fí - niún'; Bhí siad sear - bh 'scé bhac-fadh leo?

Curfá

Ó   is aoibh-inn liom   sú - tha ta-lún   Ag - us d'íos - fainn iad gach lá, Is

aoibh - inn liom   na   sú - tha ta-lún,   Bíonn siad blas - ta,   sin é an fáth.

D'inis Aesop scéal fadó,
Scéilín gránna nach raibh cóir,
Sionnach nach n-íosfadh na caora fíniún',
Bhí siad searbh 's cé bhacfadh leo?

Instear scéal gur ith mé cearc!
Ach ní íosfainn ceann ar ór,
Bhlais mé na cleití 's ní raibh siad ródheas,
Tá boladh cleití fós i mo shrón.

'Bhfaca tusa sú talún
Riamh ag eitilt ins an aer?
Samhlaighse scata mór sútha talún
Ag scríob' le fonn sa bhféar is sa chré.

B'aoibhinn liomsa sú talún,
Ceann nó dhó nó fiú níos mó,
Domhnach is Féile nó maidin Dé Luain,
Is uachtar deas in éineacht leo!

Curfá:
  Ó is aoibhinn liom sútha talún
  Agus d'íosfainn iad gach lá,
  Is aoibhinn liom na sútha talún,
  Bíonn siad blasta, sin é an fáth.

  (á rá) agus um-m-m! ana-dheas go deo!

Nuair a rinne sé cúirtéis ghalánta don lucht éisteachta bhí straois bheag ar a bheola.

Na Seangáin

Sheas Fear-a'-Tí, duine de na seangáin, (Seanán ab ainm dó) agus d'fhógair sé:

Seit na Seangán

I gciorcal mór le gach aon duine,
　Isteach sa lár, amach arís,
　Is timpeall an tí go beo
　Go dtiocfaidh tú ar ais arís.

　Loinneog:
　　Caitríona na gcosa fada,
　　Imithe ar fad ar strae,
　　Tá Caoimhín Ó Caocháin dall,
　　In ainm Chroim cár imigh sé?

An chéad bharr, an dara barr,
Na lámha cuir isteach mar aon,
　Cas timpeall, ar ais arís
Is luasc thart le do pháirtí féin.

　Loinneog:
　　Tá Séamaisín Ó Seilide
　　I bhfad ró-mhall, ach é ar bís —
　　Is casann an ciorcal leis
　　Is iad ag teacht ar ais arís.

Seit na Seangán

Go fuinniúil

I gcior - cal mór le gach aon duin - e, Is - teach sa lár, a - mach a - rís, Is
timp - eall an tí go beo Go dtioc - faidh tú ar ais a - rís. Cait -
río - na na gcos - a fad - a, I - mi - the ar fad ar strae, Tá
Caoi - mhín Ó Caoch - áin dall, In ain - m Chroim cár im - igh sé?

Loinneog

Rug na luchóga greim láimhe ar na páistí agus thug isteach iad i
gceann de na seiteanna a bhí á socrú.

Ghlaoigh an seangán na gluaiseachtaí amach agus, mar sin, bhí
gach aon duine in ann an damhsa a leanacht.
Bhí cuid acu níos fearr ná a chéile, ar ndóigh.
Rinne cuid acu botúin agus chuaigh cuid acu an bealach mí-cheart.
Bhí gach aon duine meidhreach.
Bhí Séamaisín Ó Seilide beagáinín mall.

Bhí deacrachtaí ag Caoimhín Ó Caocháin mar nach raibh na súile
ró-mhaith aige.

Bhí cosa Chaitríona Corr Ghlas an-fhada agus bhíodh sí ag
imeacht amach as seit amháin agus isteach i seit eile. Bhí roinnt
daoine beagáinín míshásta léi.
Ach ghabhadh sí leithscéal go cúirtéiseach agus bhí gach rud ceart
go leor.

Mamó

Stop an ceol agus an rince. Bhí Clíona agus Colm an-tuirseach agus shuigh siad síos ag bun ceann de na crainn agus thit a gcodladh orthu. Nuair a dhúisigh siad bhí gach aon duine imithe. Bhí an ghrian ag dul faoi.

Shiúil siad ar ais tríd an ngairdín.

Chonaic siad an lon dubh ar an mbealach agus na luchóga agus cuid de na seangáin.
Tháinig siad go dtí an doras. Bhí Mamó ann.
'Ó, a Mhamó, bhí sé sin go hiontach,' arsa Clíona.
'Bhí,' d'aontaigh Colm, 'go hiontach.'
'Tagaigí liomsa anois agus beidh tae agus toirtín úll againn.'
Agus chuaigh siad go léir isteach i dteach Mhamó go sona sásta.

Agus chan Mamó amhrán beag dóibh roimh dhul a chodladh dóibh.

Gairdín an tSonais

Bhí an lá go hálainn,
Aoibhneas ar gach aoinne,
Canaimis le chéile,
Amhrán beag na hoíche.

Tá an ghealach ghléigeal
Go hard os cionn na tíre,
Seo an t-am do dhaoine
Dul a luí dáiríre.

Curfá:
Oíche mhaith, a ghairdín,
Oíche mhaith, gach aoinne,
Oíche mhaith ag an domhan go
léir
Ina luí faoi bhrat na spéire.

Oíche mhaith ag an ngairdín,
Ó Cholm is ó Chlíona,
Siúlfaimid amárach,
Go sona sámh arís tríd.

Beidh an ghrian sa spéir gheal,
Is feicfidh sibh a lonradh,
Beidh an lá go hálainn
I ngairdín geal an tsonais.

Gairdín an tSonais

Go suaimhneach

Bhí an lá go há - lainn, Aoibh - neas ar gach aoin - ne,

Ca - nai - mis le chéi - le, Amh - rán beag na hoí - che.

Tá an ghea -lach ghléi - geal Go hard os cionn na tí - re, Seo an

Curfá

t-am do dhaoi - ne Dul a luí dái - rí - re. Oí - che mhaith, a

ghair - dín, Oí - che mhaith, gach aoin - ne, Oí - che

mhaith ag an domhan go léir In-a luí faoi bhrat na spéi - re.